Trainingsplanung für das Krafttraining

Individuelles Trainingsprogramm für das Krafttraining anhand eines Fallbeispiels

Leon Geyer

Bibliografische Information der Deutschen Nationalbibliothek:

Die Deutsche Nationalbibliothek verzeichnet diese Publikation in der Deutschen Nationalbibliografie; detaillierte bibliografische Daten sind im Internet über http://dnb.d-nb.de abrufbar.

ISBN: 9783346591609
Dieses Buch ist auch als E-Book erhältlich.

Druck und Bindung: Books on Demand GmbH, Norderstedt Germany
Gedruckt auf säurefreiem Papier aus verantwortungsvollen Quellen

Das vorliegende Werk wurde sorgfältig erarbeitet. Dennoch übernehmen Autoren und Verlag für die Richtigkeit von Angaben, Hinweisen, Links und Ratschlägen sowie eventuelle Druckfehler keine Haftung.

Das Buch bei GRIN: https://www.grin.com/document/1170578

Deutsche Hochschule für Prävention

und Gesundheitsmanagement

Hermann Neuberger Sportschule 3

66123 Saarbrücken

Einsendeaufgabe

Name, Vorname: Geyer, Leon

Datum: 16.04.2021

Studiengang: BFÖ

Fachmodul: Trainingslehre 1

Präsenzphase: 29.03.2021 – 01.04.2021

Studienort: Stuttgart

Semester: 2

Inhaltsverzeichnis

1 Teilaufgabe 1 – Diagnose

Um eine passende Trainingsplanung für eine Person zu erstellen, ist zu Beginn eine Diagnose unerlässlich, da ein Trainingsprogramm stets an die jeweiligen Bedürfnisse, körperlichen Voraussetzungen sowie individuellen Möglichkeiten der Person, beispielsweise die für das Training verfügbare Zeit, den Beruf sowie das Leistungsniveau des Trainierenden angepasst werden sollte, um sowohl optimale Erfolge erzielen zu können als auch falsch durchgeführtes, sich für die Ziele der Person kontraproduktiv auswirkendes oder gesundheitsschädigendes Training zu vermeiden. Das Trainingsprogramm sollte also zeitlich sowie leistungstechnisch realistisch umsetzbar und die gewünschten Resultate ohne damit einhergehende gesundheitliche Schäden zu verwirklichen sein (vgl. Lottmann, 2002, S. 1). Dafür werden bei einem persönlichen Gespräch zwischen Trainer und Kunden alle relevanten Daten notiert sowie biometrische Tests und ggf. Messungen am Körper des Kunden durchgeführt. Dieser Schritt ist zur Erreichung der vom Kunden gewünschten Ziele essentiell, um das Trainingsprogramm so effizient wie möglich gestalten zu können.

1.1 Allgemeine und biometrische Daten

Tab. 1: Allgemeine und biometrische Daten (eigene Darstellung)

Geschlecht	männlich
Alter	25 Jahre
Beruf	Student (weitgehend sitzend)
Sportlicher Hintergrund	Fußball, Joggen
Leistungsstand/ Kraftsporterfahrung	Keine -> Trainingsanfänger
Gewicht in kg	85
Körpergröße in cm	188
verfügbare Zeit pro Woche	3-4 Stunden
Eingenommene Medikamente	keine
Orthopädische Beschwerden	keine
Internistische Beschwerden	keine
Blutdruck	125/83 mmHg
BMI	24,0
Herzfrequenz (ruhend)	72
Körperfettanteil	15%
Primäres Trainingsmotiv	Muskelaufbau
Frühere Verletzungen	keine
Ärztliche Behandlung	keine

Die obige Tabelle zeigt alle biometrischen Daten der Person sowie alle weiteren zur Erstellung eines passenden Trainingsprogramms relevanten Informationen. Der junge Mann bringt keine orthopädischen oder internistischen Probleme mit. Sein Primärziel ist der Muskelaufbau zur Optimierung der Ästhetik. Auch möchte er durch die Kräftigung der Muskulatur präventiv gegen eventuelle künftige, durch seine Sitztätigkeit hervorgerufene Schmerzen vorgehen. Hierfür empfiehlt es sich, vor allem die

Rumpfmuskulatur zu kräftigen, da diese für die Stabilität der Wirbelsäule sehr wichtig ist (Kirchhoff, 2015).

Für seine Ziele plant er sich ein relativ hohes Zeitpensum von 3-4 Stunden pro Woche ein.

Mit einem Body-Mass-Index von 24,0 liegt in seinem Fall kein Übergewicht vor. Der Klient bringt zwar von Natur aus eine etwas kräftigere Statur mit, sein BMI liegt allerdings im Bereich des Normalgewichts (vgl. WHO, BMI classification, 2006). Mit Zunahme von Muskelmasse wird dieser Wert aller Voraussicht nach aber noch steigen. Sein Körperfettanteil liegt mit 15% ebenfalls im absoluten Normbereich (Frey, 2011).

Die folgende Tabelle zeigt die Klassifizierung des Blutdrucks nach Version der American Heart Association:

Tab. 2: Kategorisierung der Blutdruckwerte nach der American Heart Association (eigene Darstellung, modifiziert nach Mancia et al., 2013, S. 1286)

Kategorie	Systolisch		Diastolisch
Optimal	<120	und	<80
Normal	120-129	und	80-84
Hochnormal	130-139	und	85-89
Bluthochdruck Grad 1	140-159	oder	90-99
Bluthochdruck Grad 2	160-179	oder	100-109
Bluthochdruck Grad 3	$\geq$ 180	Und/oder	$\geq$ 110

Wie aus der Tabelle hervorgeht, liegt der Blutdruck des Kunden mit 125/83 mmHg im Normalbereich. Dies stellt eine super Voraussetzung für einen reibungslosen Trainingsablauf dar, da somit durch seinen Blutdruck keine Einschränkungen für das Training hervorgehen. Da der Blutdruck durch regelmäßiges Krafttraining eher gesenkt als erhöht wird, bestehen hier keine Bedenken, dass der Blutdruck in den „optimalen" Bereich gesenkt werden kann (Dietger, 2018). Ähnlich verhält es sich mit seinem Ruhepuls, da er hier mit 72 Schlägen pro Minute im absoluten Normbereich liegt (Weineck, 2003, S. 50). Auch hat er sich vor der Anmeldung im Fitnessstudio einmal von einem Arzt untersuchen lassen. Dieser konnte keine weiteren Einschränkungen feststellen.

1.2 Krafttestung

Tab. 3: Mehrwiederholungskrafttest über 20 Wiederholungen (eigene Darstellung)

Übungsbezeichnung	Wdh.	Gewicht 1. Testsatz	Gewicht 2. Testsatz	Gewicht 3. Testsatz	Ergebnis
Beinpresse	20	35 kg	42,5 kg	57,5 kg	57,5 kg
Rudern	20	27,5 kg	35 kg	-	35 kg
Brustpresse	20	17,5 kg	25 kg	-	25 kg
Rückenstrecker (Rumpfextension)	20	35 kg	-	-	35 kg
Rumpfrotation (Gerät)	20	7,5 kg	12,5 kg	-	12,5 kg
Rumpfflexion (Gerät)	20	15 kg	20 kg	25 kg	25 kg

Um das Training an den Leistungsstand des Kunden anpassen zu können, folgt nach der Diagnose die Krafttestung. Hierfür wird die Kraft des jungen Mannes bei einer Übung anhand eines Mehrwiederholungskrafttests gemessen, da er bis dato keine Erfahrung mit Krafttraining gemacht hat und ein anderes Testverfahren wie beispielsweise der Maximalkrafttest ihn mit den neuen, ungewohnten Bewegungsabläufen schnell überfordern und die enormen Belastungen auf Muskeln, Gelenke etc. sich im schlimmsten Fall sogar gesundheitsschädigend auswirken könnten. Es wird also getestet, welches Gewicht über eine vorher anhand seines Trainingsziels festgelegte Wiederholungszahl maximal zu bewältigen ist (Eifler, 2016, S.124). Die gewählte Wiederholungszahl wird dann auch im entsprechenden Mesozyklus durchgeführt.

Zunächst erfolgt ein Aufwärmtraining am Crosstrainer. Der Crosstrainer ist hierbei das Gerät der Wahl, da hierbei alle großen Muskelgruppen beansprucht werden. Dieses wirkt sich auch positiv auf die Haltung aus, wodurch, wie von dem Kunden gewünscht, präventiv gegen eventuell durch seine sitzende Tätigkeit auftretende Rückenschmerzen vorgegangen werden kann. Außerdem sagt er, dass ihm der Crosstrainer mehr Spaß macht als die anderen zur Verfügung stehenden Ausdauergeräte wie zum Beispiel das Fahrrad, was sich definitiv positiv auf sein Training auswirkt (vgl. Siegrist, Lammel & Jeschke, 2006, S.187). Für das Aufwärmtraining wird ein Zeitfenster von 5 bis maximal 10 Minuten festgelegt, um eine Überbelastung zu vermeiden. Dies hat einerseits leistungstechnische Gründe, etwa dass der Mann sonst beim Krafttraining nicht mehr die volle Leistung erbringen kann. In diesem Fall hätte sich das Aufwärmtraining als kontraproduktiv erwiesen. Der zweite Grund für das „lockere" Aufwärmprogramm ist motivationalen Ursprungs. So könnte der Mann mit einer negativen Einstellung in das Trainingsprogramm starten, scheiterte er ja schon am Aufwärmtraining.

Für den ersten Mesozyklus bietet es sich an, das Ziel auf die Steigerung der Kraftausdauer auszulegen, da sich hierbei durch die etwas niedriger gesteckten Gewichte gänzlich auf das Gewöhnen an die Belastung sowie das Erlernen des Bewegungsablaufs konzentriert werden kann. Für besagtes Training im Kraftausdauerbereich empfiehlt es sich, zu Anfang bei einer Wiederholungszahl von 20 pro Satz und somit relativ niedriger Intensität anzusetzen. Zusätzlich wird vor jeder Übung ein Aufwärmsatz durchgeführt, um die jeweilige Muskelgruppe auf die Belastung vorzubereiten. Hierzu werden jeweils 50% des tatsächlichen Trainingsgewichtes benutzt. Zwischen den Testsätzen wird eine Pause von ca. 3 Minuten eingelegt. Dies hat den Hintergrund, dass der Mann durch möglichst wenig Vorerschöpfung sein volles Kraftpotenzial ausschöpfen soll. Wird die Pause zu kurz gesetzt, so könnte die Erschöpfung aus dem vorherigen Satz den nächsten negativ beeinflussen. Es könnte dann zu einer Verfälschung des für den Mann zu bewältigenden Gewichts nach unten und damit zu einer Unterforderung in darauffolgenden Trainingseinheiten kommen. Später wird eine Pause von 45-60 Sekunden zwischen jedem Satz eingelegt. Trainiert wird, aufgrund des unterschiedlichen Energieaufwandes zwischen großen und kleinen Muskeln, von der größten Muskelgruppe bis zur kleinsten. Angefangen wird bei den Beinen. Da freie Übungen wie z.B. Kniebeugen oder Bankdrücken eine hohe koordinative Fertigkeit voraussetzen, wird zunächst an Geräten trainiert, um dem Kunden den Einstieg nicht mit der koordinativen Komponente zu erschweren.

Die erste Übung ist die Beinpresse, da diese relativ simpel durchzuführen ist und große Teile der Beinmuskulatur miteinbezieht. Begonnen wird beim ersten Testsatz mit einem Gewicht von 35 kg bei einer Wiederholungszahl von 20. Diese bereiten dem Mann keine Probleme. Nach besagter Pause von 3 Minuten wird ein weiterer Testsatz durchgeführt. Da ihn auch 42,5 kg zu unterfordern scheinen, wird das Gewicht für den 3. Testsatz auf 57,5 kg gesteigert. Hierbei hat er mit der Durchführung von 20 sauberen Wiederholungen zu kämpfen, kann diese aber gerade noch leisten. Somit steht das Gewicht von 57,5 kg.

Die nächste Übung ist die Rudermaschine. Hier kann er beim ersten Testsatz 27,5 kg ohne großen Aufwand bewältigen. 35 kg stellen für den jungen Mann eine etwas größere Herausforderung dar. Somit sind 35 kg hier zunächst das Gewicht der Wahl.

Weiter geht es mit der Brustpresse. Hierbei tastet sich der Mann langsam an das Gewicht heran. Der erste Testsatz kann mit einem Gewicht von 17,5 kg noch ohne Schwierigkeiten bewältigt werden. Bei 25 kg im zweiten Testsatz gibt der Mann nach 20 Wiederholungen an, keine weitere mehr zu schaffen, weshalb 25 kg hier als Endergebnis steht.

Die fünfte Übung ist der sogenannte Rückenstrecker. Hier gibt er bereits nach dem ersten Testsatz mit einem Gewicht von 35 kg an, dass ihn 20 Wiederholungen sehr fordern. Daher wird hier kein weiterer Testsatz durchgeführt.

Um die Rumpfmuskulatur zur Prävention von künftigen Rückenschmerzen nochmals extra zu stärken, steht als nächste Übung die Rumpfrotation an der Maschine an. Hierbei sind dem Herrn 7,5 kg etwas zu leicht, weshalb beim zweiten Testsatz das Gewicht auf 12,5kg angehoben wird. Dieses Gewicht scheint für eine Wiederholungszahl von 20 optimal zu sein.

Als letztes erfolgt die Rumpfflexion, ebenfalls am Gerät durchgeführt. Beim ersten Testsatz können 15 kg relativ leicht über 20 Wiederholungen bewältigt werden. Somit wird das Gewicht im 2. Testsatz um 5 kg gesteigert. Doch auch 20 kg scheinen dem jungen Mann noch nicht allzu viel abzuverlangen. Somit wird das Gewicht im dritten Testsatz um weitere 5 kg auf 25 kg angehoben. Hierbei ist die Anzahl der Wiederholungen für den Klienten knapp zu bewältigen, weshalb dieses Gewicht gewählt wird.

2 Teilaufgabe 2 – Zielsetzung/ Prognose

Der Kunde formuliert 3 relevante Ziele für sein Trainingsprogramm. Diese werden in Zusammenarbeit mit ihm konkretisiert, um die Motivation durchgehend aufrecht zu erhalten und ein vorzeitiges Aufgeben seinerseits zu verhindern. Die Ziele werden außerdem zeitlich sowie leistungstechnisch möglichst realistisch gesetzt, was ebenfalls dazu dient, den Mann durch kleinere Erfolgserlebnisse motiviert zu halten (Lasko, Wolf & Busch, 2003, S.190). Die nachfolgende Tabelle veranschaulicht die Ziele des Mannes konkret:

Tab. 4: Zielsetzung/ Prognose (eigene Darstellung)

Ziel	Ausmaß	Eingeplanter Zeitraum
Muskelaufbau	4kg Muskelzunahme	6 Monate
Senkung des Blutdrucks	Systolisch: Senkung um 6 mmHg Diastolisch: Senkung um 4 mmHg	3 Monate
Stärkung der Rumpfmuskulatur	Kraftzuwachs um 20%	8 Wochen

Da der junge Mann sich sowohl ästhetisch als auch gesundheitlich Fortschritte erhofft, wurden hierbei 2 Ziele gewählt, welche gut miteinander korrelieren, nämlich einerseits der Aufbau von 4kg Muskelmasse, andererseits die Stärkung der Rumpfmuskulatur um 20% um präventiv gegen eventuell auftretende Spätfolgen seiner sitzenden Tätigkeit vorzugehen. Da er sich nicht zu etwas niedrigeren Zielen überreden lässt und mit einer überaus gesunden Dosis Motivation an die Sache herantritt, wurde der Zeitraum für die Ziele ein wenig länger gestaltet als eigentlich nötig, um eventuelle Misserfolge zu vermeiden. Ein drittes Ziel dient der Prävention eines eventuell in Zukunft auftretenden Bluthochdrucks. Da seine Werte mit 125/83 mmHg im Normalbereich liegen, wurde hierbei als Ziel gesetzt, den Blutdruck in den Optimalbereich zu senken. Hierfür ist eine Senkung von 6 mmHg systolisch und 4 mmHg diastolisch erforderlich, was in einem Zeitraum von 3 Monaten gut zu realisieren ist (Landmesser, o. J.).

3. Trainingsplanung Makrozyklus

Tab. 5: Trainingsplanung Makrozyklus (eigene Darstellung)

	Mesozyklus 1	Mesozyklus 2	Mesozyklus 3	Mesozyklus 4
Ziel	Kraftausdauer	Kraftausdauer	Muskelaufbau (extensiv)	Muskelaufbau (intensiv)
Dauer	6 Wochen	6 Wochen	6 Wochen	6 Wochen
Wiederholungen	20	15	10	8
Einheiten/Woche	2	3	3	3
Übungen/ Muskelgruppe	1-2	1-2	1-2	1-2
Organisationsform	GK- Zirkel	GK- Station	GK- Station	GK- Station
Sätze/ Übung	2	2	3	3
Intensität	50-70% ILB	50-70% ILB	70-80% ILB	80% ILB
Satzpausen	60 Sek.	60 Sek.	60 Sek.	60 Sek.
Bewegungstempo	2/0/2	2/0/2	2/0/2	2/0/2

Dieser Makrozyklus ist auf die Erreichung der Ziele des Mannes sowohl in ästhetischer als auch in gesundheitlicher Sicht ausgelegt. Der Makrozyklus wird hier in vier Mesozyklen aufgeteilt, welche alle von einer Dauer von 6 Wochen sind. Zunächst findet eine „Eingewöhnungsphase" statt, in der der junge Mann bei etwas niedrigerer Intensität mit einem zunächst eher umfangorientierten Kraftausdauertraining an einem Ganzkörperzirkel trainiert und somit die Chance hat, sich ohne Druck an die neuen Belastungen und Bewegungsabläufe zu gewöhnen. Auch auf neuronaler Ebene finden bei dieser ersten Trainingsphase bereits Adaptionen statt (Denner, 1997). Ein Split- Training wäre hierbei nicht sinnvoll, da eine Durchführung von mehr als 2 Übungen pro Muskelgruppe bei Trainingsanfängern schnell zu einer Überreizung des Muskels führen kann, was ihn dann zu einer längeren Trainingspause zwingt. Des Weiteren führt auch leichtes Krafttraining zu Verbesserungen in puncto Körperkomposition und Leistung (Buskies, 1999, S. 318). In dieser Phase wird bei einer Trainingsintensität von 50-70 ILB angesetzt. Dies hat den Hintergrund, dass bei einer Intensität unter 50% des maximalen Kraftvolumens kaum bis keine wesentlichen Leistungssteigerungen bemerkbar sind (Güllich & Schmidtbleicher, 1999, S. 226). Die Trainingsintensität wird im Laufe des Makrozyklus auf bis zu 80% ILB gesteigert. Besagte Eingewöhnungsphase ist aufgrund mangelnder Erfahrung im Kraftsport essentiell, da die Intensität sonst aufgrund von mangelnder Erfahrung und damit einhergehender potenzieller Verletzungsgefahr nicht risikofrei gesteigert werden kann. Auch für Gelenke, Knorpel und Sehnen ist diese Phase des Trainingsprogramms sehr wichtig, da diese für gewöhnlich einen längeren Zeitraum zur Gewöhnung an neue Bewegungsabläufe benötigen als die Muskeln (Bohm, Mersmann & Arampatzis, 2019). Des Weiteren ist das Kraftausdauertraining optimal zur Senkung des Blutdrucks geeignet, wodurch eines der übergeordneten Ziele des jungen Mannes bereits zu Anfang in Angriff genommen werden kann (Weisser, Richter & Siewers, 2006). Dabei ist stets auf eine langsame und kontrollierte Bewegungsausführung zu achten. Die exzentrische sowie konzentrische Arbeitsphase dauern hier jeweils 2 Sekunden an, während die Umkehrphase auf 0 Sekunden angesetzt wird.

Zunächst wird mit dem Kraftausdauertraining in einem Kraftzirkel begonnen. Nachdem der Klient diesen 6 Wochen lang absolviert hat, wird er an stationäre Geräte eingewiesen und arbeitet diesen Plan für weitere 6 Wochen ab. Ein Unterschied hierbei ist, dass der Trainierende die Quantität der Einheiten von 2 auf 3 erhöht, um seine Muskulatur an eine gewisse Trainingsfrequenz zu gewöhnen. Dabei sind die Pausentage zwischen den Einheiten unerlässlich, um eine optimale Regeneration zu ermöglichen und eine Überreizung der Muskeln zu vermeiden. Dies hätte einen Abfall des Leistungsniveaus sowie eine Senkung des Testosteronspiegels zur Folge (Rauchenwald, 2003, S.21). Dennoch sollten die Pausen zwischen den einzelnen Trainingseinheiten nicht zu lang gestaltet sein, da der Muskel im Regelfall nach etwa 48 Stunden wieder vollständig regeneriert ist und demnach nach 48 bestenfalls die nächste Trainingseinheit absolviert werden sollte (Haas 2001). Somit ist es notwendig, dass jede große Muskelgruppe 2 bis 3 mal pro Woche trainiert wird. Obwohl die ersten beiden Mesozyklen das selbe übergeordnete Ziel verfolgen, ist das Wechseln der Übungen von Zirkel zu stationären Geräten für das Setzen von neuen Trainingsreizen von Nutzen.

Nachdem auch dieser nach wie vor eher umfangorientierte Mesozyklus für 6 Wochen trainiert wurde, folgen darauf 2 Mesozyklen, welche seinem zweiten und dritten großen Ziel, nämlich dem Aufbau von Muskulatur sowie der Kräftigung der Rumpfmuskulatur zur Prävention von Rückenschmerzen dienen. Diese fokussieren sich, im Gegensatz zu den ersten beiden Mesozyklen, stärker auf die Intensität als auf den Umfang. Von Maximalkrafttraining wird unter anderem aufgrund der hohen koordinativen Anforderungen sowie starken Belastungen auf Muskeln, Gelenke, Sehnen und Knorpel, zunächst abgesehen. Hierfür ist zu Beginn eine Eingewöhnungsphase von etwa 3 – 4 Monaten erforderlich, da der Körper sich erst an die Belastungen anpassen sollte (Ülsmann, 2012, S.16). Für den gesamten Makrozyklus wird das Training an Geräten gewählt, da diese vor allem für Trainingsneulinge ein geringeres Verletzungspotential bieten als freie Übungen. Neben dem ästhetischen Nutzen des Trainings der großen Muskelgruppen in Form der Zunahme von Muskelmasse ist es für den Herrn sehr wichtig, neben der oberen sowie unteren Rückenmuskulatur auch die Brust, da diese als Antagonist für die Rückenmuskulatur fungiert, sowie die Bauchmuskulatur, welche für die Körperspannung sehr nützlich ist, zu trainieren. Das Training der Beinmuskulatur hat eine langfristig starke Erhöhung des körpereigenen Testosteronspiegels zur Folge, was das Ziel des Muskelaufbaus positiv unterstützt (Geisler, 2019). Das Trainingsprogramm wird in Form einer linearen Periodisierung durchgeführt. Das bedeutet, dass die Intensität der Belastung stetig ansteigt, das Belastungsvolumen nimmt dagegen regressiv ab (Fröhlich, Müller, Schmidtbleicher und Emrich, 2009, S. 308). Dieses Modell ist zur schrittweisen Steigerung des Leistungsniveaus optimal. Auch die Anzahl der durchgeführten Sätze pro Übung spielt hierbei eine wesentliche Rolle. So werden im ersten und zweiten Mesozyklus lediglich 2 Sätze je Übung praktiziert, um die Muskulatur des Trainingsanfängers nicht zu überreizen. Beim Hypertrophietraining in Mesozyklus 3 und 4 wird die Anzahl der Sätze pro Übung dann auf 3 angehoben, um die Belastung der Muskulatur zu intensivieren. Zwischen den jeweiligen Übungen wird eine Pause von 60 Sekunden festgelegt. Eine Pausenzeit von 30-60 Sekunden ist für den Muskelaufbau optimal, da eine zu kurze Pause zwischen den Sätzen zu unzureichendem Abbau von Laktat führt, was eine Übersäuerung der Muskeln nach sich ziehen kann (Henselmans & Schoenfeld, 2014).

4 Teilaufgabe 4 – Trainingsplanung Mesozyklus

Tab. 6: Trainingsplanung Mesozyklus 1 (eigene Darstellung)

Mesozyklus	Mesoyzklus 1
Zyklusdauer	6 Wochen
Spezifisches Trainingsziel	Kraftausdauer
Trainingseinheiten pro Woche	2
Organisationsform	GK- Zirkel
Übungen pro Muskelgruppe	1-2
Sätze pro Übung	2
Satzpausen	60 Sekunden
Wiederholungszahl	20
Intensität	50-70% ILB
Bewegungstempo	2/0/2

Tab. 7: Übungen Mesozyklus 1 (eigene Darstellung)

Name Übung	Wdh./ Satz	Anzahl Sätze	Pause	Woche 1 50% ILB	Woche 2 50% ILB	Woche 3 60% ILB	Woche 4 60% ILB	Woche 5 70% ILB	Woche 6 70% ILB
Beinpresse	20	2	60s	28,75kg	28,75kg	34,5kg	34,5kg	40,25kg	40,25kg
Rudern	20	2	60s	17,5kg	17,5kg	21kg	21kg	24,5kg	24,5kg
Brustpresse	20	2	60s	12,5kg	12,5kg	15kg	15kg	17,5kg	17,5kg
Rückenstrecker	20	2	60s	17,5kg	17,5kg	21kg	21kg	24,5kg	24,5kg
Rumpfrotation	20	2	60s	6,25kg	6,25kg	7,5kg	7,5kg	8,75kg	8,75kg
Rumpfflexion	20	2	60s	12,5kg	12,5kg	15kg	15kg	17,5kg	17,5kg

Der zur detaillierten Erläuterung gewählte Mesozyklus ist hierbei der Erste. Dieser dient, wie bereits erwähnt, der Gewöhnung des Körpers an die neue Art der Belastung sowie dem Erlernen der bis dato ungewohnten Bewegungsabläufe. Ziel des Erlernens der Bewegungsabläufe ist unter anderem die Verminderung der Verletzungsgefahr bei späteren, intensiveren Trainingseinheiten. Trainiert wird hierbei in Form eines Ganzkörperzirkels. Die Intensität der Trainingseinheiten wird anhand des zuvor durchgeführten 20-RM-Tests von 50% ILB im Abstand von 2 Wochen jeweils um 10% gesteigert, bis in Woche 5 schließlich mit 70% ILB die höchste Intensität im ersten Mesozyklus erreicht ist. Unter Berücksichtigung dieser Intensitätssteigerung werden jeweils 20 Wiederholungen pro Satz sowie jeweils 2 Sätze pro Übung absolviert. Die Pausenzeit beträgt jeweils 60 Sekunden. Das Bewegungstempo ist hierbei der Belastungsart entsprechend langsam. Die exzentrische sowie die konzentrische Arbeitsphase dauern jeweils 2 Sekunden an, während die Umkehrphase auf 0 Sekunden gesetzt wird. Die Anzahl der Trainingseinheiten bei diesem Ganzkörperzirkel beläuft sich hierbei auf 2 pro Woche. Die Reihenfolge der Übungen ergibt sich aus der absteigenden Größe der jeweiligen Muskeln, da das Training der großen Muskelgruppen mehr Energie in Anspruch nimmt. Der zweite Aspekt ist hierbei das Durchführen von mehrgelenkigen vor eingelenkigen Übungen. Grund hierfür ist, dass die Synergisten nicht bereits vor einer mehrgelenkigen Übung geschwächt werden sollten, um eine Verminderung der Leistungskapazität zu vermeiden. Auch wird besonderer Wert darauf gelegt, dass von Beginn an alle Muskelgruppen ähnlich intensiv trainiert werden, um eventuelle durch einseitiges Training hervorgerufene Dysbalancen zu vermeiden. Um das Ziel der

Prävention von Rückenproblemen zu realisieren, liegt der Schwerpunkt dieses Trainingsprogrammes allerdings auf der Bauch- sowie der Rückenmuskulatur. Der Rückenmuskulatur wurden hierbei 2 Übungen zugewiesen. Auch für die Bauchmuskulatur werden 2 verschiedene Übungen trainiert. Die Brust sowie die Beine sind in diesem Programm mit jeweils einer Übung vertreten.

Die nachfolgende Tabelle zeigt auf, welche Muskeln im Einzelnen mit welcher Übung beansprucht werden:

Tabelle 8: Beanspruchte Muskeln Mesozyklus 1 (eigene Darstellung)

Übung	Beanspruchte Muskeln
Beinpresse	M. glutaeus maximus; M. biceps femoris; M. semitendinosus; M. semimembranosus; quadriceps femoris; M. tensor fasciae latae; M. gastrocnemius; M. soleus
Rudern	M. latissimus dorsi; M. deltoideus pars spinata; Mm. Rhomboidei; M. biceps brachii; M. brachialis; M. brachioradialis; M. trapezius
Brustpresse	M. pectoralis major; M. deltoideus pars clavicularis; M. triceps brachii; M. anconeus
Rückenstrecker	Mm. erector spinae
Rumpfrotation	Mm. erector spinae; M. obliquus externus abdominis; M. obliquus internus abdominis
Rumpfflexion	Rectus abdominis

Begonnen wird mit der Beinpresse. Diese wird im Sitzen durchgeführt. Wie die Tabelle zeigt, wird durch diese Übung die gesamte Beinmuskulatur trainiert. Dies ist für den Beginn optimal, da mit wenig Trainingsumfang, also nur einer Übung, sehr viele Muskeln beansprucht werden, was die Beinpresse sehr effizient macht. Wichtig zu beachten ist, dass sich das Gesäß nicht vom Sitz löst, da das Gewicht sonst auf der Wirbelsäule lastet und dauerhaft Schmerzen verursachen kann.

Darauf folgt die Rudermaschine. Da bei dieser Übung vor allem der obere Rücken trainiert wird, ist sie für die Haltung und damit für die Prävention von künftigen Rückenbeschwerden sehr wichtig. Durch das Brustpolster kann bei dieser Übung eine gerade Rückenposition garantiert werden, weshalb das Verletzungsrisiko hierbei sowie die Gefahr auf eine Fehlhaltung während der Übung sehr gering ist.

Neben der Beinpresse und der Rudermaschine folgt mit der Brustpresse die dritte mehrgelenkige Übung. Bei dieser Übung wird nicht nur die gesamte Brust beansprucht, sondern auch der Trizeps und Teile der Schulter, was diese Übung ebenfalls sehr effizient macht.

Als nächstes ist der Rückenstrecker an der Reihe. Dieser ist sehr wichtig zur Stärkung der unteren Rückenmuskulatur. Dies kann künftige Rückenprobleme vorbeugen. Außerdem bietet die Bewegung dieser Übung eine gute Ausgleichsbewegung bei vielem Sitzen.

Die vorletzte Übung ist die Rumpfrotation an der Maschine. Hierbei wird unter anderem die schräge Bauchmuskulatur trainiert, was zur Stabilisation des Rumpfes beiträgt. Der Vorteil, diese Übung an einer Maschine durchzuführen, liegt darin, die Kräftigung des Rumpfes kontrolliert steigern zu können.

Ähnlich verhält es sich mit der Rumpfflexion. Die kontrollierte Kräftigung der Bauchmuskulatur trägt zur Steigerung der Körperspannung bei, da diese als Antagonist für die zuvor bei der Rumpfextension trainierten Muskeln dient.

5   Teilaufgabe 5 – Literaturrecherche

Tabelle 9: Studie zum Effekt von Krafttraining bei Rückenbeschwerden (eigene Darstellung)

Durchführer der Studie	Anne Otten, Jan Schroeder
Jahr der Studie	2020
Untersuchte Forschungsfrage	Wie wirkt sich ein additives sensomotorisch intensiviertes Stabilisationstraining bei Rückenbeschwerden im Vergleich zu maschinell geführtem Krafttraining aus?
Versuchspersonen	21 Patienten im Alter von 46-53 Jahre
Versuchsaufbau der Studie	- Zunächst Evaluation durch FFbH-R - Alle Versuchspersonen führen über einen Zeitraum von 8 Wochen 2 mal wöchentlich ein 60- minütiges Krafttraining an Geräten durch; 11 davon zusätzlich nach jedem Gerätetraining ein 30- minütiges Stabilisationstraining
Relevante Ergebnisse und Schlussfolgerungen	- Die Probanden mit dem zusätzlichen Stabilisationstraining wiesen einen signifikant größeren Zuwachs der Funktionskapazität auf, als die Personen, welche ausschließlich das maschinell geführte Krafttraining durchführten - Das additive Stabilisationstraining führte zu deutlicheren Verbesserungen funktioneller Einschränkungen als die alleinige Standardversorgung durch Gerätetraining - Im anschließenden Krafttest zeichneten sich jedoch keine deutlichen Unterschiede zwischen den beiden Gruppen ab

Tabelle 10: Studie zum Effekt von Krafttraining bei Rückenbeschwerden (eigene Darstellung)

Durchführer der Studie	S. Goebel, A. Stephan, J.Freiwald
Jahr der Studie	2005
Untersuchte Forschungsfrage	Wie wirkt sich medizinisches Krafttraining bei chronischen, lumbalen Rückenschmerzen im Vergleich zur üblichen Behandlungsmethode (Krankengymnastik) aus?
Versuchspersonen	102 Probanden mit chronischen, seit mindestens 6 Monaten anhaltenden Rückenschmerzen
Versuchsaufbau der Studie	- Evaluation mit FFbH-R und SF-36 - Evaluation zu Beginn und zum Ende der Studie - 69 Personen führten medizinisches Krafttraining durch, basierend auf dem Therapiekonzept zur isolierten Kräftigung der Lumbalextensoren - 33 Personen führten die übliche Therapiemethode in Form von klassischer Krankengymnastik durch - Beobachtungszeitraum Gruppe Krankengymnastik im Mittel bei 13,2 ± 1,2 Monaten - Beobachtungszeitraum Gruppe medizinisches Krafttraining im Mittel bei 16,8 ± 3 Monaten bei durchschnittlichen 12 Behandlungseinheiten (3,8 ± 2,3 Monaten)
Relevante Ergebnisse und Schlussfolgerungen	- In beiden Gruppen verringerten sich die Rückenbeschwerden - Keine Verbesserung des SF-36- und FFbH-R Scores bei Personen mit Behandlung durch klassische Krankengymnastik - Langfristige Verbesserung der Scores und der Funktionskapazität des Rückens bei Personen mit Behandlung durch medizinisches Krafttraining - Dauer der Arbeitsunfähigkeitsperioden bei Personen mit Behandlung durch medizinisches Krafttraining deutlich unterhalb derer, die mit Krankengymnastik behandelt wurden - Reduktion der Medikamente und weniger Inanspruchnahme

	medizinischer Leistungen bei Probanden, welche mit medizinischem Krafttraining behandelt wurden

6 Literaturverzeichnis

American Heart Association. (2013). nach Mancia et al.; Blutdruckklassifikation. 1286.

Bohm S, M. F. (2019). Funktionelle Anpassung von Sehnen. *Deutsche Zeitschrift für Sportmedizin*, 105-109.

Buskies, W. (1999). Sanftes Krafttraining nach dem subjektiven Belastungsempfinden versus Training bis zur muskulären Ausbelastung. *Deutsche Zeitschrift für Sportmedizin 50*, 316-320.

Denner, A. (1997). Standardisiertes Aufbauprogramm Mit 24 Trainingseinheiten. In *Muskuläre Profile der Wirbelsäule* (S. 271-279). Springer-Verlag .

Dietger, M. (2018). Vorsichtsmaßnahmen beim Krafttraining Fit und gesund von 1 bis Hundert https://doi.org/10.1007/978-3-662-56307-6_89. In M. Dietger, *Fit und gesund von 1 bis Hundert*. Springer Verlag. doi:10.1007/978-3-662-56307-6_89

Frey, I. B. (2011). *Modulation von spontanem Nahrungsaufnahmeverhalten durch intravenöse Gabe von Fetten.* Inauguraldissertation, Universität zu Lübeck.

Fröhlich, M., Müller, T., & Emrich, E. (2009). Outcome-Effekte verschiedener Periodisierungsmodelle im Krafttraining. *Deutsche Zeitschrift für Sportmedizin 60*, 307-314.

Geisler, S., Aussieker, T., Paldauf, S., Scholz, S., Kurz, M., & Jungs, S. (2019). Salivary testosterone and Cortisol concentrations after two different resistance training exercises. *Journal of sports medicine and physical fitness*, 1030-1035.

Goebel, S., Stephan, A., & J., F. (2005). Krafttraining bei chronischen lumbalen Rückenschmerzen. Ergebnisse einer Längsschnittstudie. *Deutsche Zeitschrift für Sportmedizin*, 388-392.

Güllich, A., & Schmidtbleicher, D. (1999). Struktur der Kraftfähigkeiten und ihrer Trainingsmethoden. *Deutsche Zeitschrift für Sportmedizin 50*, 223-233.

Haas, H. (2001). 3 Therapie, Training, Tests. In J. Cabri, B. Elvey, R. Gosselink, & F. Van den Berg (Hrsg.), *Angewandte Physiologie* (S. S. 84-127). Stuttgart: Georg Thieme Verlag.

Henselmans, M. &. (2014). The effect of inter-set rest intervals.

Kirchhoff, D. (2015). *Die Wirksamkeit psychologisch-pädagogischer Interventionen im Rahmen einer gerätegestützten Krafttrainingstherapie bei älteren Polizeibeamten mit chronischen lumbalen Rückenschmerzen.* Dissertation, Otto-von-Guericke-Universität Magdeburg, Magdeburg.

Landmesser, U. (kein Datum). Erhöhter Blutdruck: Das sollten Betroffene wissen. *Deutsche Herzstiftung*. Von https://www.herzstiftung.de/Bluthochdruck-Sonderband.html. abgerufen

Lasko, W. W., & Busch, P. (2003). Quick-Wins & Bestätiger: Frühe Erfolgsmeldungen fördern die Motivation. In W. W. Lasko, & P. Busch, *Resulting — Projektziel erreicht!* (S. 190-191). Wiesbaden: Gabler Verlag. doi:10.1007/978-3-322-84474-3_27

Lottmann, A. (2002). *Untersuchungen zur Optimierung der Belastungssteuerung im Krafttraining durch Kombination verschiedener Methoden der Trainingsbegleitenden Leistungsdiagnostik*. Dissertation, Universität Göttingen, Göttingen.

Otten, A., & Schroeder, J. (2020). *Effekte akzentuierter sensomotorischer Reize bei chronischen Rückenschmerzpatienten – Eine kontrollierte Pilotstudie* . Universität Hamburg Fakultät für Erziehungswissenschaft, Psychologie und Bewegungswissenschaft. Hamburg: Georg Thieme Verlag.

Rauchenwald, M. (2003). Körperliche Fitness beim alternden Mann. *Blickpunkt der Mann: Wissenschaftliches Journal für Männergesundheit*, 21.

Siegrist, M., C., L., & Jeschke, D. (2006). Krafttraining an konventionellen bzw. oszillierenden Geräten und Wirbesäulengymnastik in der Prävention der Osteoporose bei postmenopausalen Frauen. *Deutsche Zeitschrift für Sportmedizin*, 187.

Ülsmann, T. (2012). *Kraft- und Koordinationstraining für Fußballer*. Meyer & Meyer Verlag.

Weineck, J. (2003). *Optimales Training (13.Aufl.)*. Balingen : Spitta.

Weisser, B. R. (2006). Räumen Sie mit den alten Vorurteilen auf. *MMW - Fortschritte der Medizin* (148), 33-34. doi:10.1007/BF03364842

World Health Organisation. (2006). *BMI Classification*. Von http://www.euro.who.int/en/health-topics/disease-prevention/nutrition/a-healthy lifestyle/body-mass-index-bmi abgerufen

8   Tabellenverzeichnis